I0606065

Spanish translation edited by Arlette de Alba

Additional artwork © Shutterstock 2024 Ecelop; imdproduction; Lightkite; Maksym Drozd; SK Design

Published by Sequoia Kids Media, an imprint of Sequoia Publishing & Media, LLC

Sequoia Publishing & Media, LLC, a division of Phoenix International Publications, Inc.

8501 West Higgins Road, Chicago, Illinois 60631
34 Seymour Street, London W1H 7JE
Heimhuder Straße 81, 20148 Hamburg

© 2025 Sequoia Publishing & Media, LLC
First Published © 2024 Twin Sisters IP, LLC. All Rights Reserved.

CustomerService@PhoenixInternational.com

Sequoia Kids Media and associated logo are registered trademarks of Sequoia Publishing & Media, LLC.

Active Minds is a registered trademark of Phoenix International Publications, Inc.

This publication may not be reproduced in whole or in part by any means without permission from the copyright owners. Permission is never granted for commercial purposes.

This book is sold subject to the condition that it shall not, by way of trade or otherwise, be lent, resold, hired out, or otherwise circulated without the publisher's prior consent in any form or binding or cover other than that in which it is published and without similar condition being imposed on the subsequent purchaser.

www.PhoenixInternational.com

Library of Congress Control Number: 2024943251

ISBN: 979-8-7654-0981-7

Los vehículos

Escrito por Kim Mitzo Thompson y Karen Mitzo Hilderbrand
Ilustrado por Iesha Wright

An imprint of PHOENIX International Publications, Inc.

Este es un camión.

Lleva concreto para un edificio nuevo.

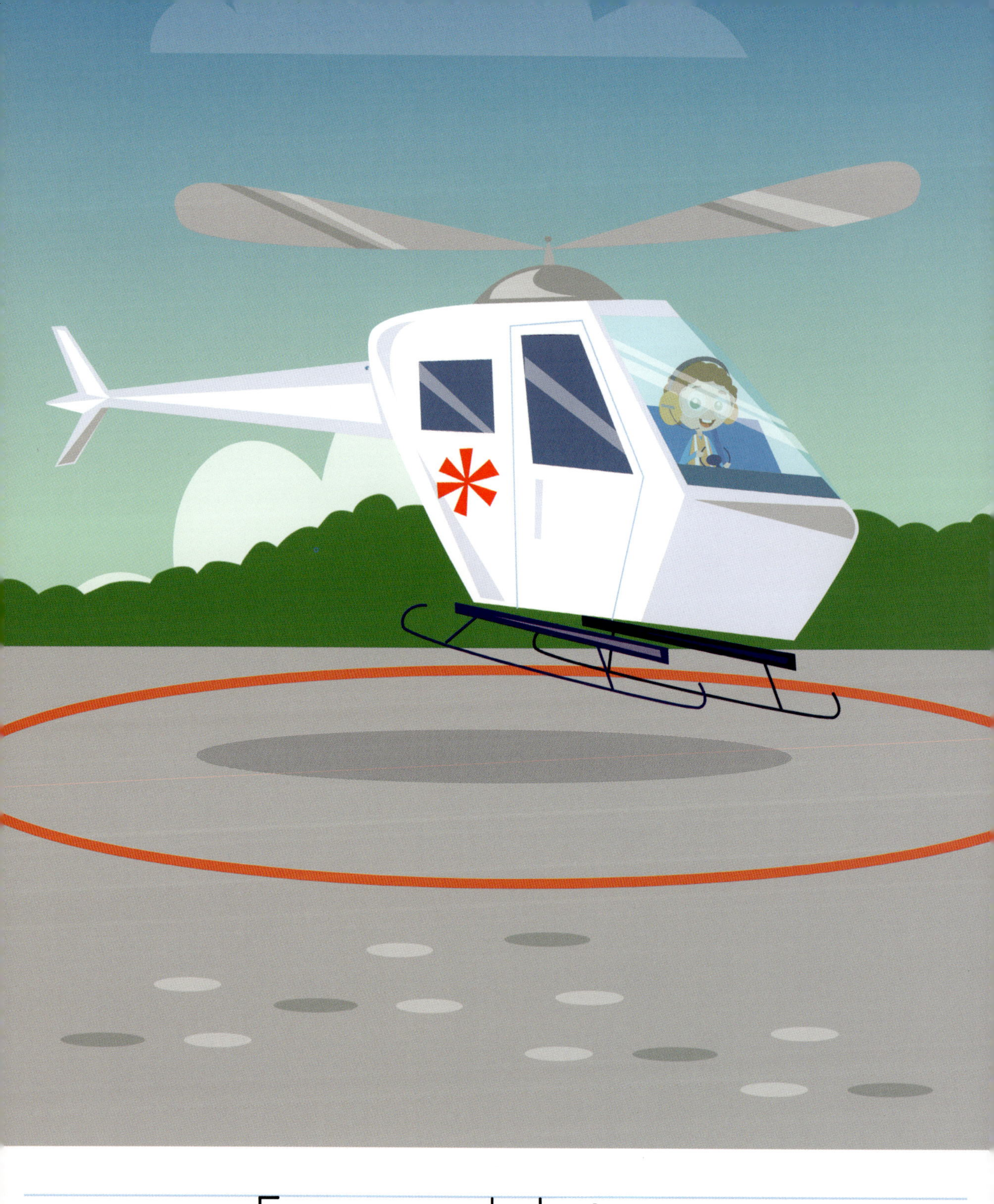

Este es un helicóptero.

Lleva un niño enfermo al hospital.

Este es un autobús escolar.

Lleva niños y niñas a la escuela.

Este es un tren.

Lleva gente o provisiones por todo el país.

Este es un bote.

Lleva gente que hace esquí acuático.

Este es un avión.

Lleva gente a muchos lugares diferentes.

¿Debería ir en helicóptero, avión, bote, tren, camión o autobús?

¡Pienso que simplemente iré en mi bicicleta!

Las palabras que he aprendido

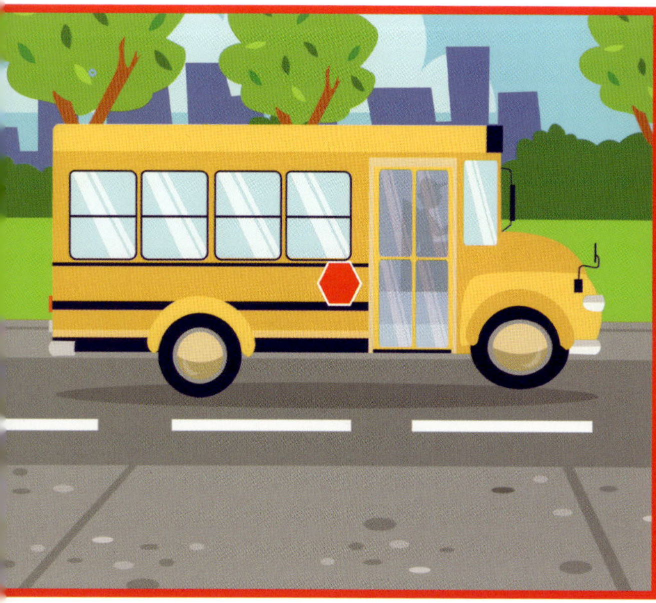

autobús escolar

avión

bicicleta

bote

camión

escuela

helicóptero

niños y niñas

tren